URSULA RITTER

WEIHNACHTEN BASTELN MIT PAPIER

MIT VORLAGEN IN ORIGINALGRÖSSE

Christophorus-Verlag · Freiburg i. Br.

Inhaltsverzeichnis

Adventszeit – Weihnachtszeit

Die Advents– und Weihnachtszeit wird von vielen Bräuchen begleitet. Gerade in dieser Zeit spielt das Basteln und Werken eine besondere Rolle.

In vielen Familien wird es je nach Alter und Interesse der Kinder unterschiedliche Schwerpunkte bei solchen Aktivitäten geben.

In diesem Buch werden Arbeiten mit dem Werkmaterial Papier vorgestellt. Beim Durchblättern wird Ihnen gleich auffallen, wie vielfältig die Gestaltungs– und Dekorationsmöglichkeiten mit Papier sind. Ein farbenfrohes Fensterbild, ein schöner Faltstern, hübsche Raum– und Tischdekorationen: Solche selbstgemachten Papierobjekte können zum stimmungsvollen Willkommensgruß Ihrer Gäste werden. All diese Dinge verleihen der Wohnung den weihnachtlichen Glanz.

Denken Sie auch daran, die gleichen Motive in anderen Farben oder individueller Zusammenstellung ergeben eine völlig neue Wirkung. Viele Kombinationsmöglichkeiten ergeben sich oft ganz zufällig.

Vielleicht wird auch das eine oder andere Motiv als Geschenk Freude bereiten. Eine nette Geste ist es sicher, selbstgefertigte Dinge zu verschenken. Schon eine ausgefallene Karte oder ein originelles Briefpapier zeigen dem Empfänger, daß er Ihnen besonders lieb ist.

Für die vorgestellten Arbeiten brauchen Sie kein kostspieliges Werkzeug. Papier erhalten Sie in vielen Farben, Arten und Formaten. Durch den beigehefteten Vorlagenbogen und die Vorlagen im Buch ist das Übertragen der vorgestellten Arbeiten gut nachvollziehbar. Lassen Sie sich durch die Vorgaben ruhig zu Neuem inspirieren. Ihrer Phantasie sind dabei keine Grenzen gesetzt.

Alle, die sich in den Wochen vor Weihnachten Zeit und Muße gönnen, um kreativ tätig zu sein, finden in diesem Buch eine Vielzahl von schönen Bastelvorschlägen. In diesem Sinne möchte ich den Bastelanfänger ermutigen, und dem erfahrenen Bastler wünsche ich, daß er noch zusätzliche Anregungen für sich findet.
Ich wünsche Ihnen viel Freude beim Gestalten mit Papier.

Ihre

Ursula Ritter

Material

Für alle Arbeiten in diesem Buch werden folgende Materialien verwendet:
Fotokarton, Tonpapier, Regenbogenfarben–Buntpapier, Falt- und Geschenkpapier, weißes Schreibpapier, Tapetenreste, verschiedene Schmuckbänder, Papprollen von Haushaltspapier, Nähgarn. Der Hobby– und Schreibwarenhandel bietet eine breite Palette der hier aufgelisteten Materialien an.

Merkmale der Papierarten

Fotokarton ist in sich stabil und fest. Er wird besonders für tragende Motivteile eingesetzt.
Tonpapier ist dünner und biegsamer. Es wird für solche Motivteile verwendet, die mehrfach ausgeschnitten werden. Beide Papiersorten sind durchgefärbt.
Regenbogen–Buntpapier ist auf einer Seite farbig, auf der anderen Seite weiß. Sie erhalten dieses Papier in Mappen, sortiert in verschiedenen Farbkombinationen und –verläufen.
Faltpapier ist in verschiedenen Größen und Farben erhältlich. Dieses Papier ist dünn und läßt sich besonders gut falten und mehrfach ausschneiden.
Tapetenreste, soweit sie nicht im Haushalt vorhanden sind, erhalten Sie in Malergeschäften und in Heimwerker– und Baumärkten. Fragen Sie gelegentlich nach alten Tapetenbüchern. Als Ersatz können Sie starkes, strukturiertes oder bedrucktes Geschenkpapier verwenden.

Berücksichtigen Sie bei der Auswahl farbiger Papiere folgendes: Das neu gekaufte Papier hat noch eine besonders intensive Tönung, die im Laufe der Zeit nachläßt, vor allem, wenn es dem Licht ausgesetzt ist. Auch ein direkter Vergleich des Originalpapiers mit dem auf einer Abbildung ist nicht immer möglich, da durch den Druck die Farbwiedergabe um Nuancen verändert sein kann.

Hilfsmittel

Klebstoff: Als Klebstoff eignen sich die handelsüblichen Papier– und Alleskleber. Viele Kleber werden lösungsmittelfrei angeboten. Aus Gründen der Umweltfreundlichkeit sollte mit diesen Produkten gearbeitet werden. Für kleinere Flächen oder punktuelles Kleben eignet sich optimal UHU flinke flasche.
Nähgarn: Zum Aufhängen der Objekte nehmen Sie am besten farblich passendes Nähgarn. Bei verschiedenen Arbeiten wurden Samtbändchen, Schmuckband oder Borten verwendet.
Werden Arbeiten mit diesen Schmuckelementen mit Kindern durchgeführt, kann auch anstelle von Nadel und Faden die Klebstoffflasche verwendet werden.

Werkzeug

Für das Übertragen der Vorlagen benötigen Sie einen Bleistift und Pauspapier. Zum Ausschneiden der Motive brauchen Sie verschiedene Schneidewerkzeuge. Eine *Papierschere* eignet sich zum Ausschneiden für alle größeren Arbeiten. Je feiner die Schnittlinien sind, desto kleiner sollte die Schere sein.
Für das Schneiden gerader Linien oder das Ausschneiden von Innenformen eignet sich ein *Schneidemesser* mit abbrechbarer Klinge, Cutter genannt. Zur genauen Linienführung nehmen Sie ein stabiles *Lineal* mit Metallrand, an dem das Schneidemesser entlanggeführt wird. Als *Unterlage zum Schneiden* eignet sich eine dicke Papp– oder Kartonunterlage. Beim Ausschneiden von kleinen Innenflächen benötigen Sie ein *Grafikermesser* (Skalpell).
Schneiden Sie die Bleistift– und die Pauslinie mit ab. Um genaue Schnittkanten zu bekommen ist es ratsam, daß Sie beim Schneiden von runden Formen die sich schließende Schere stillhalten und das Papier drehen. Bitte beachten Sie: Wenn Sie mit Kindern basteln oder diese schon alleine arbeiten, sollten Sie ihnen wegen der Verletzungsgefahr keine spitzen, sondern vorne abgerundete Scheren geben.
Schneidemesser und Grafikermesser gehören nicht in Kinderhände!
Für das Stanzen von Papieraugen oder von Punkten zum Verdecken der Klebestellen benötigen Sie einen *Bürolocher* . Auch eine Lochzange kann für die Stanzarbeit benützt werden. Sie kommt hier jedoch weniger zum Einsatz.
Ein *Falzbein* ermöglicht die genaue Anfertigung einer Falzkante. Da man es selten gebraucht, kann auch eine geschlossene Scherenspitze – vorsichtig eingesetzt – denselben Zweck erfüllen. Auch einige bereitgelegte *Wäsche– und Büroklammern* können ihre guten Dienste leisten. Einmal halten sie ausgeschnittene Teile gut zusammen, zum anderen werden die frisch geklebten Teile zum Trocknen des Klebstoffes fixiert und so am Verrutschen gehindert.

Technik

Mit Hilfe von Pauspapier kann jedes einzelne Motivteil direkt auf das Werkmaterial übertragen werden. Auf durchscheinendes, dünnes Papier kann jedes Motivteil durch Auflegen oder einfaches Nachzeichnen mit einem Stift übertragen werden.
Für mehrfaches Nacharbeiten eines Motivs oder für Gruppenarbeiten empfiehlt sich das Anfertigen von Schablonen. Diese lassen sich beliebig oft verwenden oder auch nach eigenen Vorstellungen verändern. Bewahren Sie Ihre Schablonen gut auf, denn dann werden Sie schon bald auf eine reiche Auswahl zurückgreifen können.

Vorfreude

In den späten Novembertagen fallen die letzten Blätter von den Bäumen und die Natur ist von grauen Nebelschwaden eingehüllt.
Wenn der Blick aus dem Fenster nicht gerade freundlich anmutet, sollen Sie die Anregungen für farbenfrohen Fensterschmuck anspornen, Ihre Fenster für die Adventszeit festlich zu dekorieren. Die adventlichen Fensterdekorationen schmücken Ihre Fenster sowohl von innen wie auch von außen. Zur adventlichen Vorfreude gehören ebenso stimmungsvolle, hübsch gestaltete Räume oder Tischdekorationen. Sie lassen die grauen Wintertage mit einem Mal bunter erscheinen.

Eisblumen

Die weißen und rosafarbenen Eisblumen bilden einen interessanten Kontrast zu farbigen Elementen. Hübsch anzusehen als Unterlage für Kerzen und Gebäck sind die Eisblumen aus rosa-irisierendem Papier.

Material
Weißes Schreibmaschinenpapier, irisierendes Geschenkpapier

Hilfsmittel
Bleistift, Schere

Ausführung
Die Eisblumen werden aus gefalteten Papierquadraten geschnitten. Die Vorlagen lassen sich auch leicht abwandeln. Besonders für das Basteln mit Kindern sind diese Eisblumen geeignet. Probieren Sie doch einfach in einer Gruppe aus, welche Formen durch das Herausschneiden von Papierstücken möglich sind. Das Auffalten der Eisblumen ist immer von neuem eine kleine Überraschung.

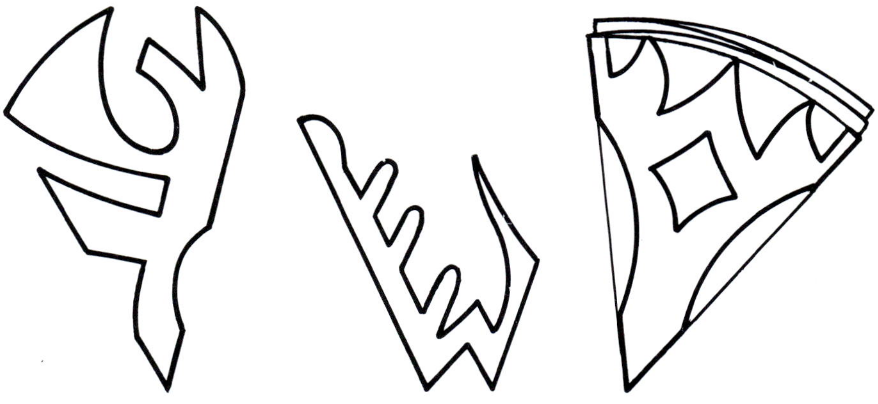

1x
2x
2x
2x
1x

Schlittenfahrt

Heute wollen wir Schlitten fahren... So beginnt ein Kinderlied. Bei diesem winterlichen Fensterbild können schon Kinderhände mitarbeiten. Einzelne Schlittenfahrer und Schneeflocken am Fenster dekorativ angebracht, runden eine winterliche Fensterbildlandschaft ab.

Material
Blaues, weißes, gelbes, hell– und dunkelgrünes, orangefarbenes Tonpapier, Klarsichtfolie mit Punkten, Aufhängefaden

Hilfsmittel
Lineal, Bleistift, Schere, Klebstoff

Ausführung
Alle Einzelmotive ausschneiden. Den blauen Trägerrahmen doppelt ausschneiden. Zwischen beide Teile die Klarsichtfolie kleben. Aufhängefaden gleich mitfassen. Ausschmückteile vorbereiten und am Fensterbild anordnen und festkleben. Mit einem Bürolocher Punkte ausstanzen und auf der Klarsichtfolie anbringen.

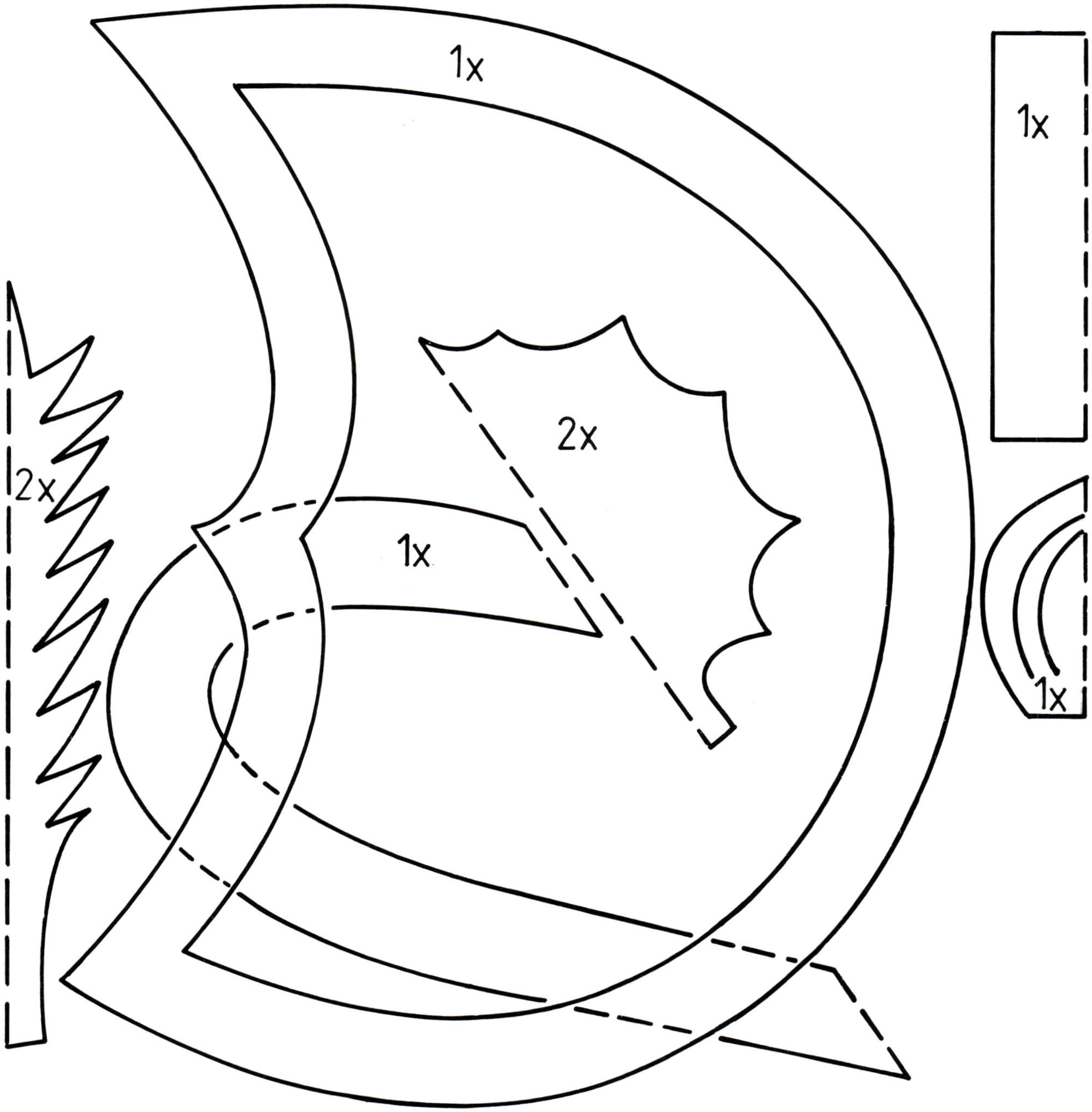
1x
1x
2x
2x
1x
1x

Herz und Mond

Diese Motive sind sehr beliebt. Besonders in der Adventszeit lassen sie sich zu dekorativen Fensterbildern ausgestalten.

Material
Gelber Fotokarton, dunkelgrünes, rotes und gelbes Tonpapier, Aufhängefaden

Hilfsmittel
Bleistift, Schere, Bürolocher, Klebstoff

Ausführung
Die einzelnen Motivteile aufzeichnen und ausschneiden. Zunächst die Ausschmückteile am Trägerelement anordnen und danach festkleben. Mit einem Bürolocher gelbe Punkte stanzen und als Staubgefäße auf der roten Weihnachtssternblüte aufkleben. Zum Schluß den Aufhängefaden auf der Rückseite anbringen.

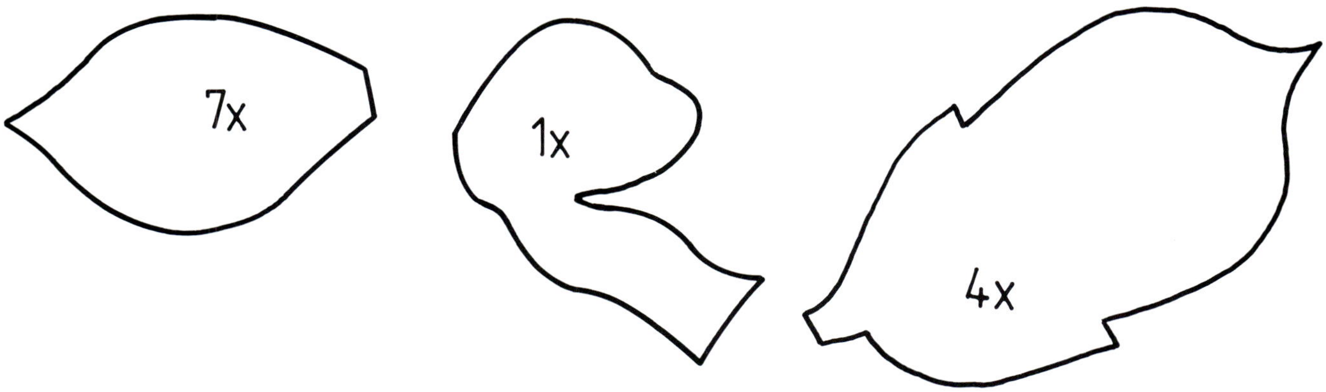

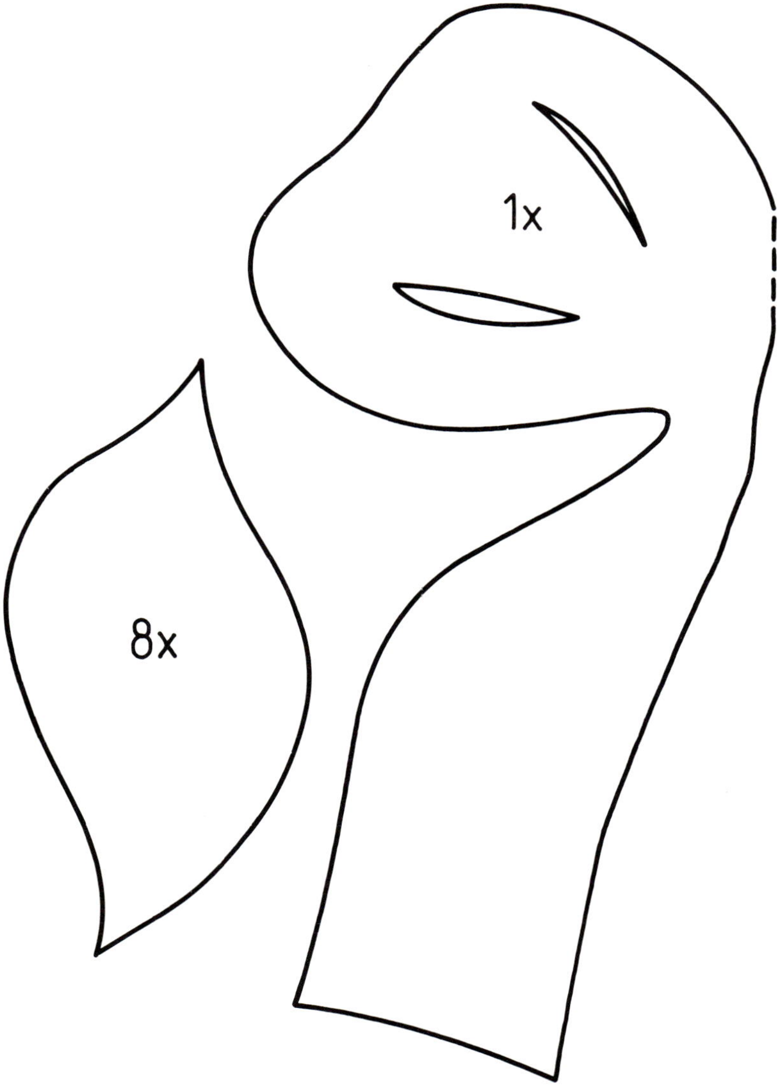

Weihnachtsstern im Rahmen

Rot und Grün sind die klassischen Farben des Advents.

Material
Brauner, dunkel– und hellgrüner Fotokarton, rotes und gelbes Tonpapier, Aufhängefaden

Hilfsmittel
Bleistift, Schere, Bürolocher, Klebstoff

Ausführung
Zunächst schneiden Sie alle Motivteile von dieser Seite und dem Vorlagenbogen aus. Danach kleben Sie den Rahmen, welchen Sie nach eigenen Vorgaben ausschneiden, zusammen. Die Ausschmückteile ordnen Sie am Rahmen an, die Punkte stanzen Sie mit dem Bürolocher, danach kleben Sie die Teile am Rahmen an. Den Aufhängefaden bringen Sie auf der Rückseite an.

Weihnachtsgruß

Dieses Fensterbild kann sowohl Fenster wie auch Türen und Wände schmücken. Als Türschmuck kann es als ein besonderer Willkommensgruß gelten.

Material
Hell– und dunkelgrüner Fotokarton, gelbes und weißes Tonpapier, rotes Faltpapier, Nähgarn

Hilfsmittel
Bleistift, Klebstoff, Schere

Ausführung
Auf das bereitgelegte Papier die Teile vom Vorlagenbogen aufzeichnen und ausschneiden. Am Trägerring die Einzelteile anordnen. Für die Kerzen das rote Faltpapier mittig falten und jeweils zur Hälfte aneinanderkleben. Danach die Flamme anfügen und Kerzen auf dem zweitem Teil festkleben. Aus gelbem Tonpapier dünne Streifchen schneiden, über einen Scherenrücken ziehen und als Beigabe dekorieren. Danach den Aufhängefaden anbringen.

Weihnachtliche Motivbänder
Abb. Seite 17

Ob im Kinderzimmer, in den Räumen des Kindergartens oder in der Schule, ein Platz findet sich schnell für farbenfrohe Dekorationsbänder.

Material
Gelbes, weißes, rotes, blaues, orangefarbenes, hell– und dunkelgrünes Tonpapier, ein Rest Goldpapier, weißes Nähgarn

Hilfsmittel
Bleistift, Schere, Klebstoff

Ausführung
Wenn Sie die Schablonen vom Vorlagenbogen für die einzelnen Motivteile fertiggestellt haben, zeichnen Sie die Teile auf und schneiden diese aus. Legen Sie die Teile paarweise auf Ihre Arbeitsfläche und richten Sie danach die Länge des Aufhängefadens. Versehen Sie ein Motivteil mit Klebstoff und legen Sie das nächste Motivteil mit dazwischengefaßtem Aufhängefaden deckungsgleich auf. Wiederholen Sie diesen Vorgang bei allen folgenden Motivteilen.

Gelber Stern

Plakativ und klar wirkt diese weihnachtliche Dekoration. Aus gelbem Fotokarton wird der achtzackige Stern ausgeschnitten.

Material
Gelber Fotokarton, hell– und dunkelgrünes Tonpapier, rotes Faltpapier, Aufhängefaden

Hilfsmittel
Bleistift, Schere, Schneidemesser, Klebstoff, Lineal

Ausführung
Nach den Vorgaben im Vorlagenbogen die Sternform auf gelben Fotokarton aufzeichnen und die äußere Form mit der Schere ausschneiden, die Innenteile mit dem Schneidemesser. Die verschiedenen Ausschmückteile am Stern anordnen und festkleben. Den Aufhängefaden am Stern anbringen. Variationsmöglichkeit: Viele der kleinen Sterne in dieser Ausgestaltung können als Schmuck für Zweige oder Päckchenbeigabe Verwendung finden.

Dezentes Weihnachtsdekor
Abb. Seite 19

Ob alleine oder als Gruppe; diese Motive erzielen durch ihre Fülligkeit und ihre klare Formgebung ihren besonderen Reiz. Die Glok-ken– oder Tannenform können Sie auch als Einzelelement für Tischschmuck verwenden.

Material
Weißes Tonpapier, weißes festes Papier, Aufhängefaden

Hilfsmittel
Bleistift, Schere, Schneidemesser, Klebstoff

Ausführung
Nach den Angaben im Vorlagenbogen die Motivteile auf doppelt gelegtes Papier aufzeichnen und ausschneiden. Die äußere Form mit der Schere, die Innenteile mit dem Schneidemesser ausschneiden. Achten Sie auf die Angaben der Teilmengen. Kleben Sie danach die Motivteile nacheinander, jeweils zur Hälfte gefaltet, mit dem nächsten Teil zusammen. Zum Schluß fügen Sie den Aufhängefaden mit ein. Wie viele Motivteile Sie zusammenfügen, können Sie auch selbst bestimmen. Auch einzelne Motivteile, als Band oder als Fensterbild dekoriert, sehen hübsch aus.

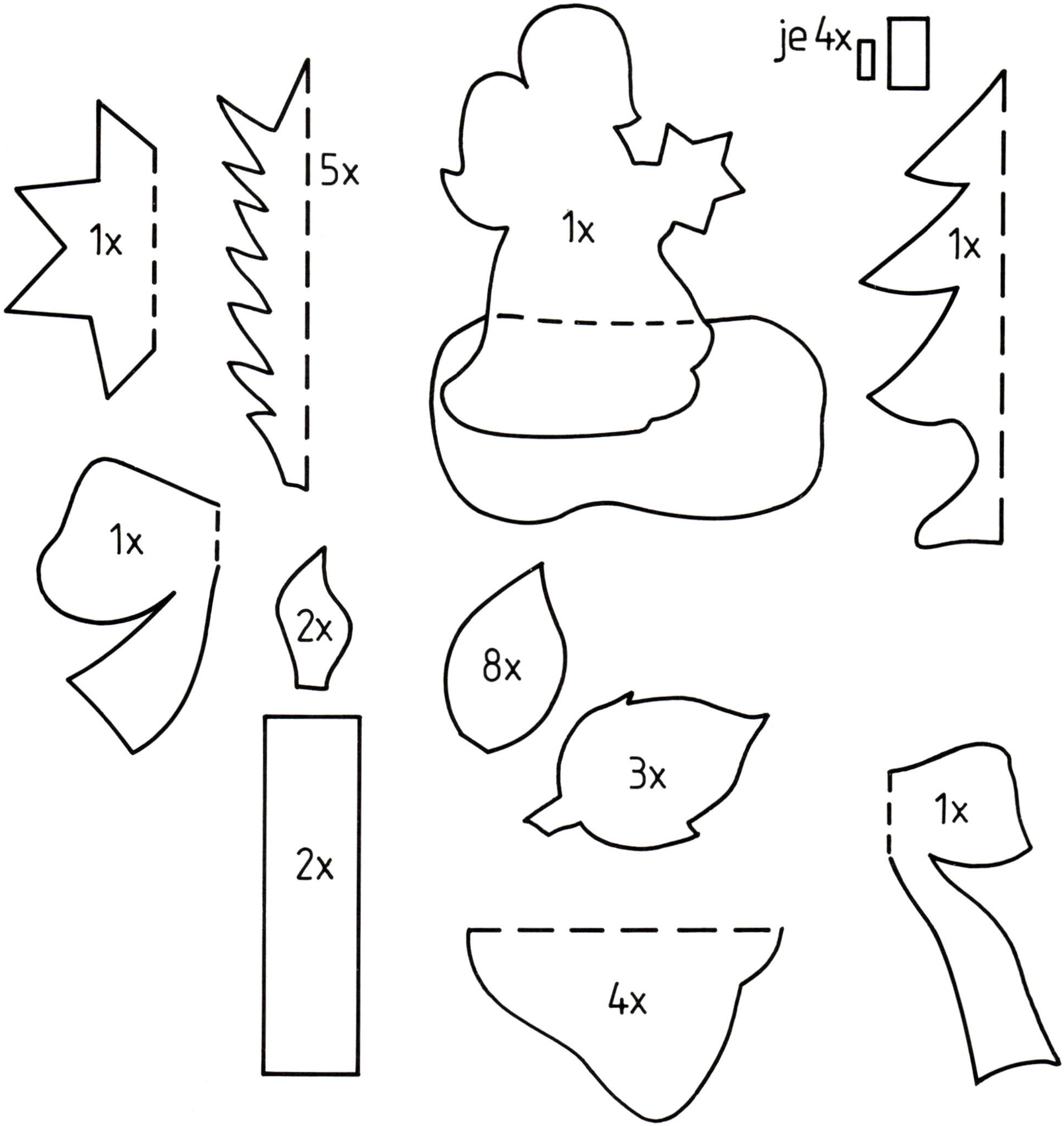

1x
5x
1x
je 4x
1x
1x
2x
8x
3x
1x
2x
4x

Weihnachtliche Tischkärtchen

Überraschen Sie Ihre Gäste mit individuellen Tischkärtchen!

Material
Beigefarbener Fotokarton, rotes, gelbes, blaues und orangefarbenes Faltpapier, hell– und dunkelgrünes, weißes Tonpapier, Geschenkpapier

Hilfsmittel
Bleistift, Schere, Bürolocher, Klebstoff

Ausführung
Zunächst die Ausschmückteile aufzeichnen und ausschneiden. Die Einzelteile auf den vorbereiteten Tischkärtchen anordnen und danach festkleben. Das Glöckchen rechts in der Abbildung besteht aus Einzelteilen, diese werden mittig gefaltet und jeweils mittig zusammengeklebt. Für die Nikolausform, siehe Vorlagenbogen, formen Sie den Halbkreis aus rotem Tonpapier zum Kegel und befestigen diese Form an der Tanne.
Die Ausgestaltung der einzelnen Tischkärtchen entnehmen Sie der Abbildung.

Festliches Gedeck

Advent und Weihnachten, die Zeit in der man besonders liebe Gäste verwöhnen kann.

Material
Hellgrüner Fotokarton, gelbes und grünes Tonpapier

Hilfsmittel
Bleistift, Schere, Falzbein, Klebstoff

Plätzchenteller

Ausführung
Wie aus der Skizze oben ersichtlich, die Grundform vergrößern, auf Fotokarton übertragen und ausschneiden. Die Falzkanten falzen, Sternzacken überlappend zusammenfügen. Danach Sternspitze nach außen falten und Stern darauf kleben.
Die Größe des Tellers können Sie nach Wunsch varriieren.

Sternserviettenhalter

Ausführung
Sternform, Form von Seite 17 (Vorlagenbogen), zweimal auf gelbes Tonpapier zeichnen und ausschneiden. Eine Sternform mittig falten und versetzt auf die andere Sternform kleben. Durch den Ausschnitt in der Mitte des Sternes die Serviette schieben.

Tannenbaum–Päckchen

Ausführung
Vom Vorlagenbogen die Form auf Tonpapier übertragen und gemäß der unten abgebildeten Anleitung zu einem Päckchen falten.

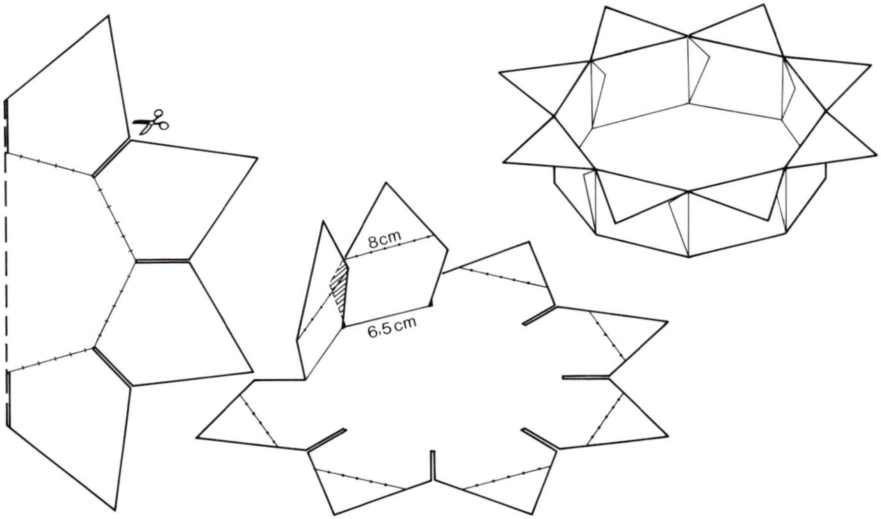

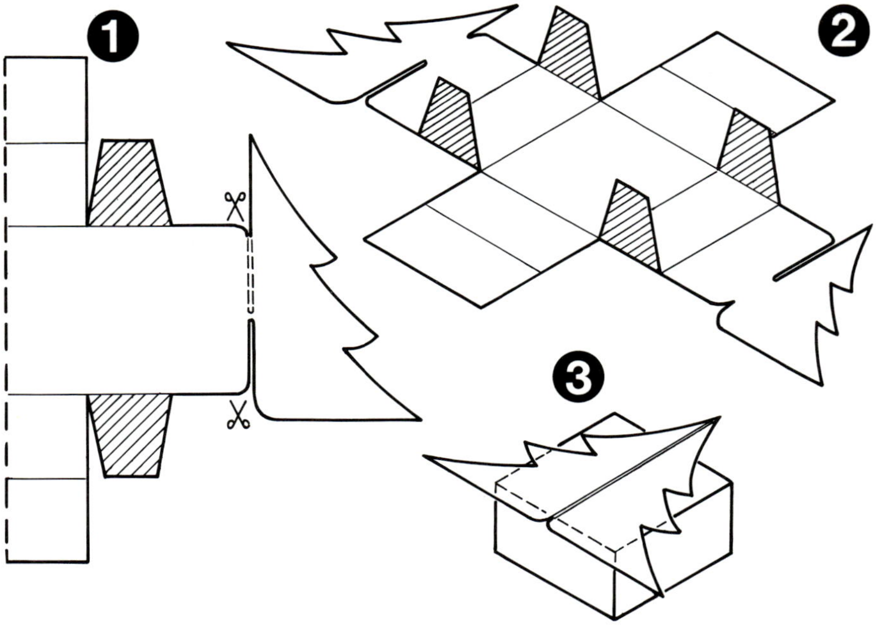

Adventskalender

Einer der schönsten vorweihnachtlichen Bräuche ist das Aufhängen oder Aufstellen eines Adventskalenders. Dieser Brauch gefällt besonders den Kindern. Er ist ein Begleiter vom 1. Dezember bis zum Heiligen Abend. Wie schön ist es doch, einen Adventskalender gemeinsam vorzubereiten. Ob in der Familie, im Kindergarten oder in der Schule. Freuen Sie sich, wenn Ihre Kinder begeistert mitbasteln. Wenn es im Moment ein gewisses Opfer an Zeit bedeutet, für ein Kind bedeutet es bleibende Erinnerung. Ein selbstgebastelter Adventskalender läßt Spielraum für die eigene Kreativität. Vielleicht fällt Ihnen beim Betrachten eine neue Variante ein. Denkbar wäre auch, daß sich nicht nur die Kinder, sondern auch Mutter, Vater, Freunde oder ältere Menschen über einen eigenen Adventskalender freuen würden.
Und nun viel Freude und gutes Gelingen beim Basteln.

Brauner Nikolaussack

Material
Brauner Fotokarton, braunes Tonpapier, Reste von Tonpapier in den Farben Gelb, Rot, Grün, Weiß, Zahlen eines Kalenders von 1 bis 24

Hilfsmittel
Bleistift, Schere, Falzbein, Wäscheklammern, Klebstoff

Ausführung
Für den Nikolaussack und die restlichen Ausschmückteile brauchen Sie Schablonen, die Sie vom Vorlagenbogen abpausen. Der Nikolaussack ist dreiteilig. Zunächst bereiten Sie das Mittelteil vor, fügen Sie dieses nach der Skizze als Behälter zusammen und fixieren Sie die Seitenteile mit zwei Wäscheklammern.
Die Sackform zeichnen Sie zweimal auf braunen Fotokarton, schneiden die Teile aus und kleben diese Teile jeweils auf die breite Seite des vorbereiteten Behälters. Achten Sie auf Deckungsgleichheit.
Die Ausschmückteile, wie Stiefelchen, Kugel, Säckchen, zeichnen Sie auf doppelt gelegtes Tonpapier. Beim Ausschneiden achten Sie bitte darauf, daß Sie diese Teile an einer Seite zusammenhalten, damit sie gut zu- und aufzuklappen sind. Die Seite des Schmuckteils, die Sie auf den Sack kleben, gestalten Sie mit einem Adventsmotiv aus oder mit einer Nachricht, zum Beispiel darf sich das Kind eine Geschichte aussuchen, oder es kann sich aus verschiedenen Möglichkeiten etwas wünschen. Das Schmuckteil, das Sie zuklappen, versehen Sie mit einer Zahl zwischen 1 und 24. Beide Seiten des Adventskalendersacks werden mit Schmuckteilen ausgestattet. Der Rest wird als Überraschung im Sack versteckt.

Eine Variante wäre, daß man besondere Tage, wie zum Beispiel Nikolaustag, Barbaratag, die Adventssonntage und den Heiligen Abend, besonders kennzeichnet und diese Päckchen im Mittelteil des Sacks unterbringt.

6
11
18
14
1
4

Adventskalender Tanne

Material
Dunkel– und hellgrüner Fotokarton, Reste von rotem und gelbem Tonpapier, grünes Kreppapier, Haushaltsrollen, Nummern von 1 bis 24 eines Kalenders, dünne Samtbändchen, 2,20 m lange Goldborte,

Hilfsmittel
Bleistift, Schere, Lochzange, Klebstoff

Ausführung
Aus hell– und dunkelgrünem Fotokarton schneiden Sie ein Dreieck mit der unteren Länge von 63,5 cm und einer Höhe von 51 cm. Das hellgrüne Dreieck schneiden Sie im Gesamten etwas kleiner. Diese beiden Teile fügen Sie mit Klebstoff zusammen und verzieren die hellgrünen Ränder mit einer Borte. Nun schneiden Sie aus einer Haushaltsrolle 24 kleine Abschnitte von ca. 5 bis 6 cm Länge. Aus grünem Kreppapier schneiden Sie sich Streifen zu, um die Abschnitte damit einzupacken. In jedem der Behälter wird eine Überraschnug versteckt. Die einzelnen Abschnitte binden Sie jeweils mit einer Schlaufe ab. Sind alle Abschnitte vorbereitet, ordnen Sie diese auf der Tanne an und kleben sie fest. Als nächstes bringen Sie die Nummern an. Die Nummer 6 und 24 gestalten Sie einmal mit einem Stiefelchen und einem Stern aus. Zum Schluß stanzen Sie in die Tannenspitze ein Loch und ziehen das Aufhängeband durch. Beim Entnehmen der einzelnen Überraschungen wird jeweils das unterste Band geöffnet.

24
22
23
19
17
18
21
20
10
11
12
13
16
15
1
2
3
4
5
6
7
8
9

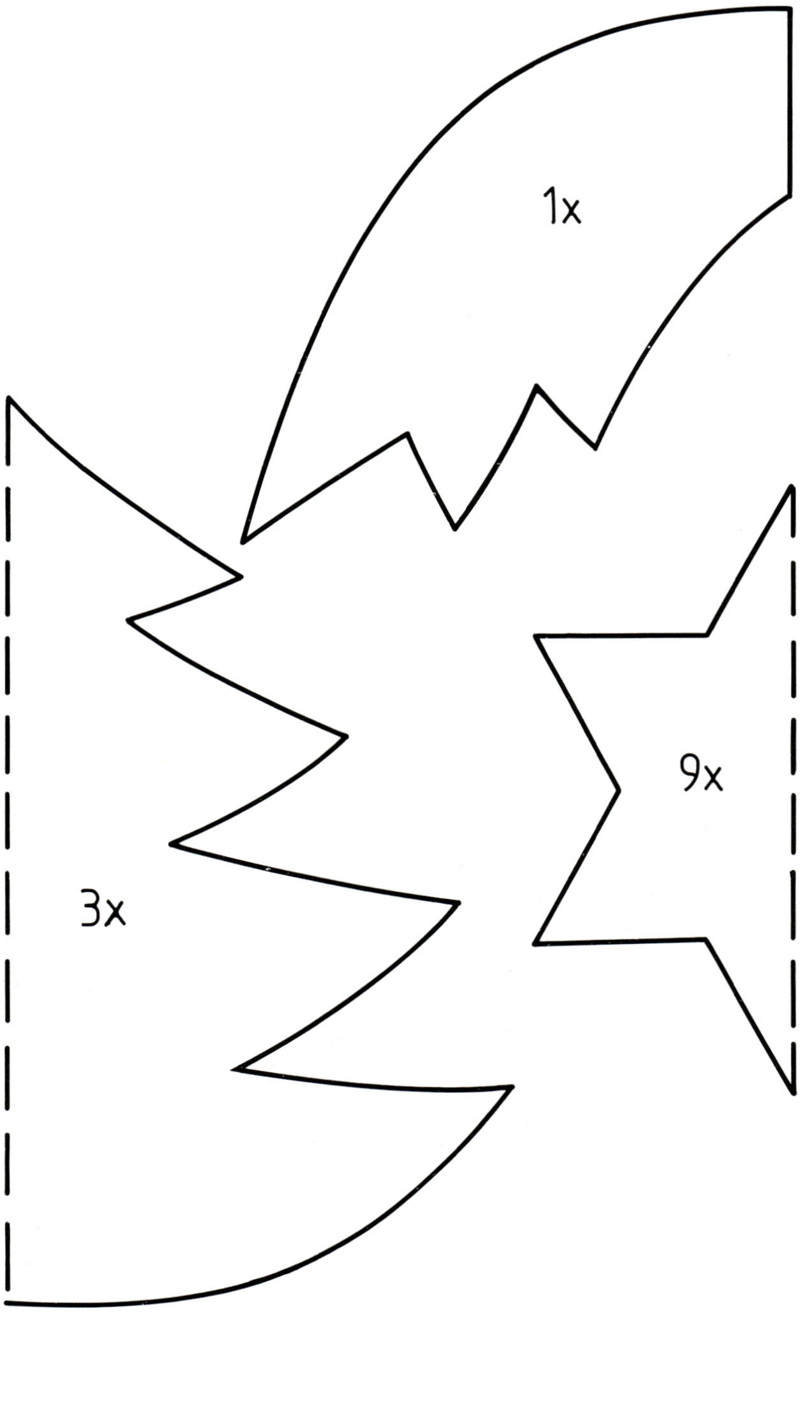

Adventsdorf

Material
Dunkelgrüner Fotokarton im Format DIN A2, hell– und dunkelgrünes, hell– und dunkelblaues, rotes, gelbes und weißes Tonpapier, Tapetenreste, Nummern 1 bis 24 eines Kalenders

Hilfsmittel
Bleistift, Schere, Falzbein, Klebstoff

Ausführung
Zunächst brauchen Sie für die verschiedenen Teile Schablonen. Diese stellen Sie nach den Vorlagen her. Die Häuserteile sind aus Tapetenresten, die übrigen Teile aus Tonpapier. Die Behälter, die zwischen die Motivteile geklebt werden, zeichnen Sie auf weißes Tonpapier auf und schneiden sie aus. Die Faltlinien falzen Sie mit dem Falzbein. Fügen Sie nun die Teile zusammen, wie auf der Abbildung ersichtlich.
Die fertigen Behälter kleben Sie zwischen die Häuser, hinter die Sterne, das Gebüsch, die Tannen und den Stall. Als nächstes falzen Sie den grünen Fotokarton 30 cm vom oberen Rand entfernt. Nun gestalten Sie Ihr Adventsdorf aus. Der grüne Weg mit den vier Sternen symbolisiert die Adventssonntage. An diesen Tagen gilt es, sich für die Kinder etwas Besonderes auszudenken.

17
4
18
19
2
12
16
20
22
8
15
14
9
7
10
13
24

Nikolaus

Nikolaustag

Wohl kaum ein anderer Heiliger ist bei den Kindern so bekannt wie Sankt Nikolaus. Legenden weisen ihn als Schutzheiligen und Freund der Kinder aus. Der Bischof Nikolaus lebte in Myra, einer Stadt an der Küste der Türkei. Viele Lieder, Geschichten, Gedichte und Bräuche erzählen von ihm. Zur Erinnerung an den guten, freigiebigen Bischof Nikolaus stellen Kinder ihre Stiefel oder Schuhe abends vor die Tür.

Nikolausschuh

Nikolaus, sei ein guter Mann,
schau Dir meine Stiefel an.
Apfel, Nuß und Mandelkern,
weißt Du doch, die hätt' ich gern.
Schenk Du mir von Herzen.
Sonne, Blumen, die sind fern,
nur am Himmel leuchten Stern.
Morgen leuchten meine Augen dann,
hast Du den Stiefel voll getan.

Nikolaus–Mobile

Farbenfrohe Mobiles erfreuen Klein und Groß.
Sie sind ständig in Bewegung und sind ein netter Farbtupfer in der Wohnung.

Material
Dunkelgrüner, roter und brauner Fotokarton, braunes und weißes Tonpapier, Nähgarn

Hilfsmittel
Beistift, Schere, Bürolocher, Klebstoff

Ausführung
Den Trägerring schneiden Sie aus braunem Fotokarton, 1,5 x 50 cm. Diesen Streifen kleben Sie überlappend zu einem Kreis zusammen. Alle übrigen Motivteile brauchen Sie doppelt. Die Ausgestaltung geht aus der Abbildung hervor. Beim Zusammenkleben der Teile Nikolaus und Tanne legen Sie den Einlegefaden in die Motivmitte. Die Länge können Sie selbst bestimmen. Achten Sie dabei bitte darauf, daß sich die Teile in unterschiedlichen Längen frei bewegen können. Als Aufhängevorrichtung benötigen Sie vier gleichlange Nähgarnfäden, die Sie am Ring jeweils gegenüberliegend anbringen und oben verknoten.

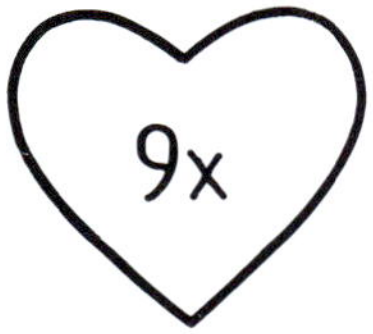
9x

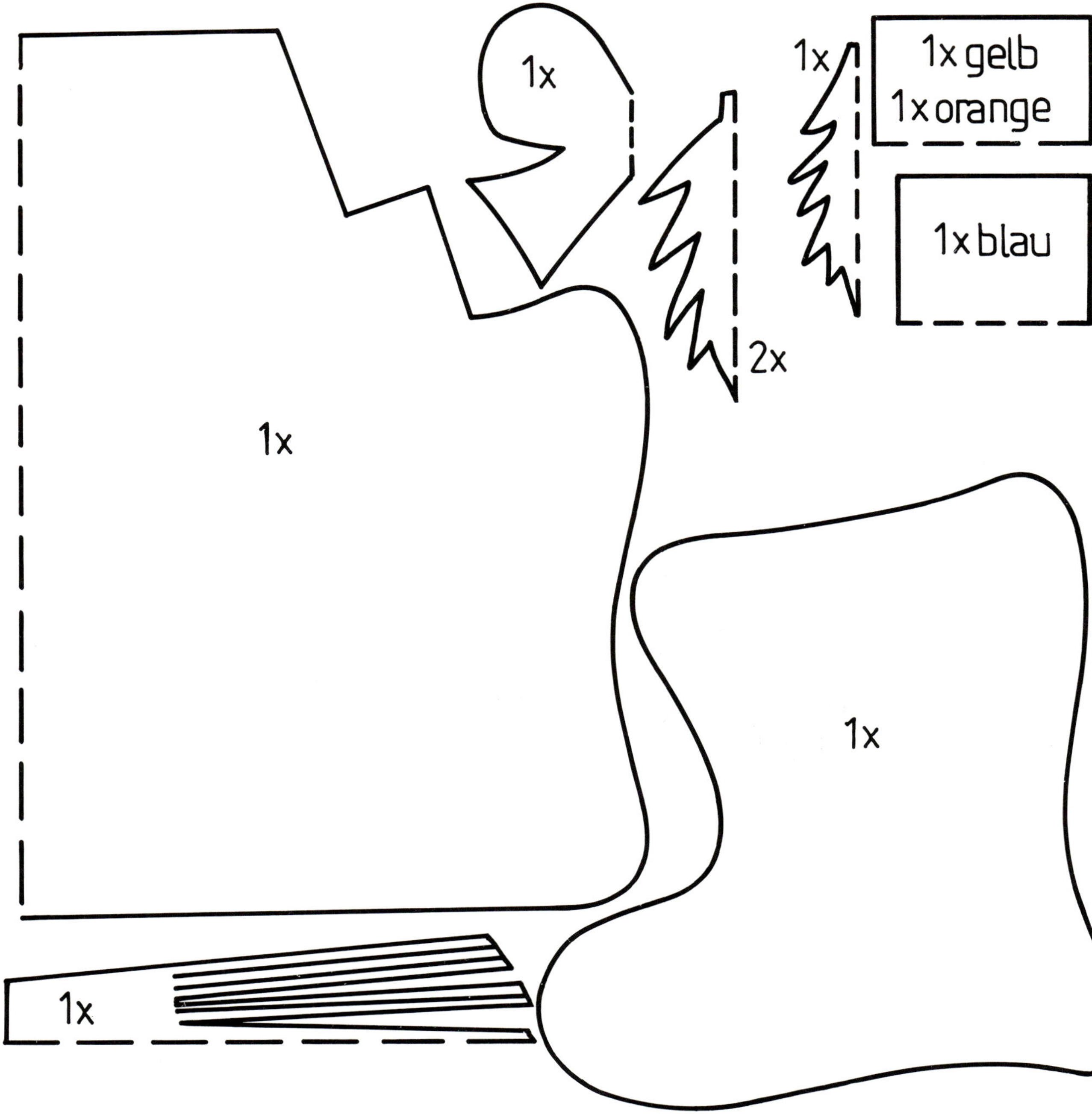
1x
1x
2x
1x gelb
1x orange
1x blau
1x
1x
1x

Tisch– und Einladungskarten zu Nikolaus

Stiefelchen sind beliebte Nikolausmotive. Ob der Nikolaus etwas in die Stiefelchen hineinlegt?

Material
Marmoriertes Papier, beigefarbene Briefbögen, Reste von rotem, braunem und grünem Tonpapier, Geschenk– und Faltpapierreste

Hilfsmittel
Bleistift, Schere, Klebstoff

Ausführung
Die Teile nach den Vorlagen aufzeichnen und ausschneiden. Schneiden Sie aus Geschenkpapierresten kleine Motive aus. Unten sind jeweils die Grundelemente der Kärtchen abgebildet. Bei den Tischkärtchen die Anordnung vornehmen und die Teile festkleben. Bei der großen Karte den Stiefel aufkleben, danach die äußere Stiefelform bis ca. zur Hälfte des Stiefelrandes nachschneiden. Dann die Dekorationsteile am Stiefel anbringen.

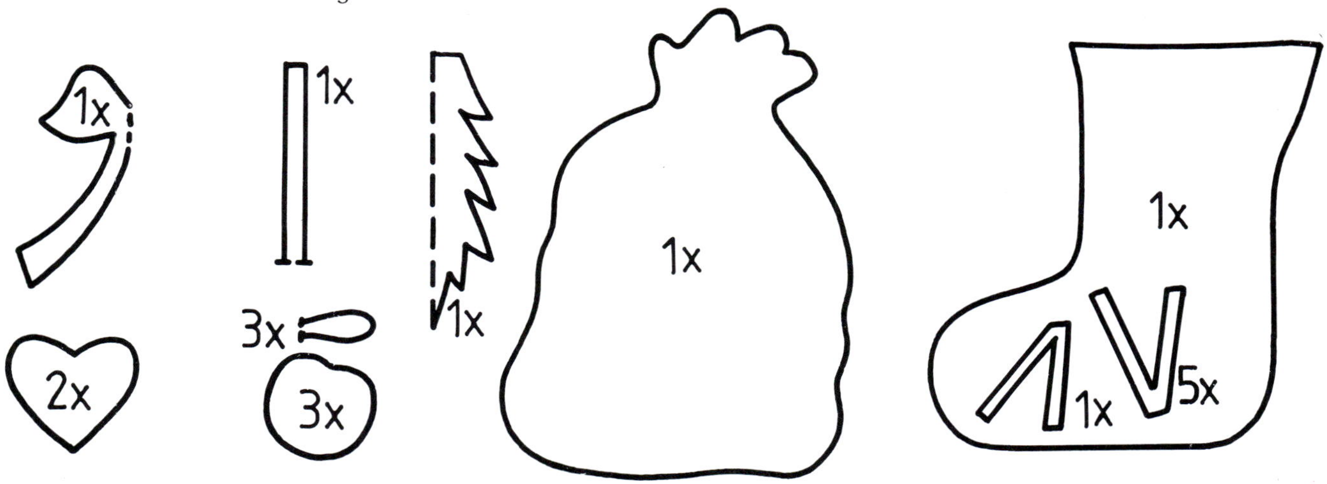

Bald ist Nikolausabend da

Kinder freuen sich ganz besonders über diese munteren Nikolausmotive, ob als Tischset, Nikolausbeutelchen oder Serviettenhalter.

Sets

Material
Dunkelblauer und roter Fotokarton, weiße Strukturtapete, Reste von braunem Tonpapier

Hilfsmittel
Bleistift, Schere, Klebstoff

Ausführung
Zunächst das Set nach folgenden Maßen zuschneiden:
Rot: 40 cm x 29 cm
Blau: 38 cm x 27 cm
Diese beiden Teile aufeinanderkleben. Die Motivteile für das Nikolausgesicht vom Vorlagenbogen aufzeichnen und ausschneiden, auf dem Set festkleben. Zur besseren Haltbarkeit können Sie dieses Set mit selbstklebender Klarsichtfolie überziehen.

Serviettennikolaus

Material
Rotes und blaues Tonpapier, Strukturtapete

Hilfsmittel
Bleistift, Schere, Falzbein, Bürolocher, Klebstoff

Ausführung
Die Nikolausform vom Vorlagenbogen übertragen, ausschneiden, falzen und zusammenkleben. Zum Schluß Gesicht aufkleben.
Die Zeichnung für die kleine blaue Nikolaustasche finden Sie auch auf dem Vorlagenbogen.

Herzkranz

Material
Roter Fotokarton, Nähgarn

Hilfsmittel
Bleistift, Schere, Klebstoff

Ausführung
Aus rotem Fotokarton sechs Herzteile (siehe oben) ausschneiden, und diese an den Klebestellen überlappend zusammenfügen. Den Aufhängefaden, verdeckt mit einem kleinen Herzen, anbringen.

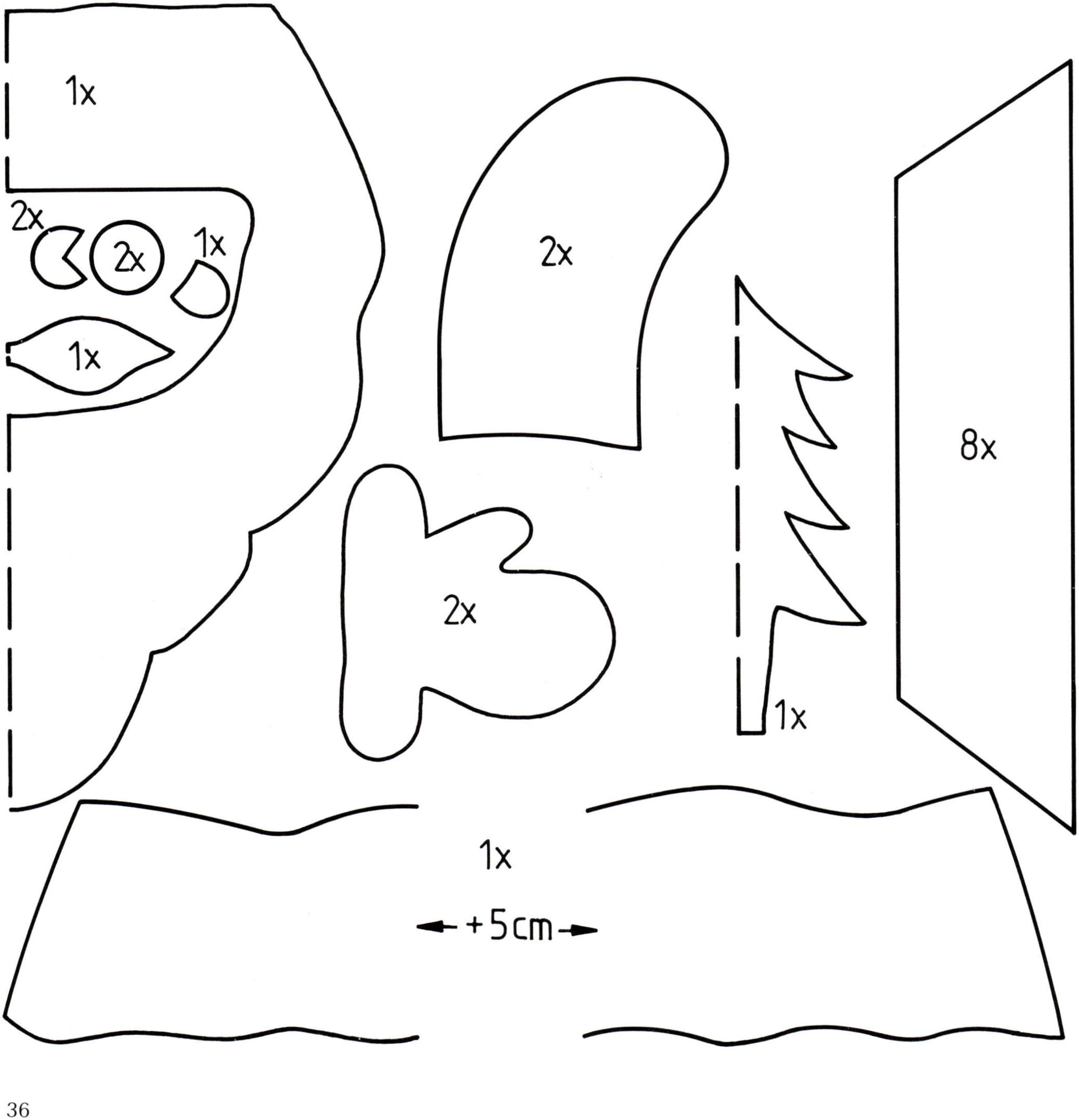
1x
2x
2x
1x
1x
2x
2x
1x
8x
1x
+5cm

Nikolaus

Ein Weihnachtsmann, der als Türanhänger seinen Dienst tut, Neugierige abwehrt und dafür sorgt, daß niemand durch das Schlüsselloch ins Weihnachtszimmer schaut. Auch als vorweihnachtliche Dekoration könnte der Weihnachtsmann erfreuen.

Material
Roter Fotokarton, gelbes, grünes und ein Rest blaues Tonpapier, weiße Strukturtapete

Hilfsmittel
Bleistift, Schere, Klebstoff

Ausführung
Die Grundfigur aus dem Vorlagenbogen aus rotem Fotokarton ausschneiden. Alle Motivteile von Seite 36 übertragen und ausschneiden. Die Ausgestaltung des Weihnachtsmannes ist aus der Abbildung gut ersichtlich. Die gelben Tonpapierstreifen formen Sie zu Spitzen, fixieren diese und kleben sie anschließend auf den roten Stern. Die Schnüre der Päckchen kleben Sie zum Schluß unter die Hände des Weihnachtsmannes.

Variante:
Den Weihnachtsmann können Sie auch in einen Adventskalender umändern, indem Sie an ihm 24 Überraschungspäckchen anbringen.

Nikolaussäckchen und Geschenktaschen

Statt dem üblichen Verpacken könnten diese Taschen verschiedene Geschenke verbergen.

Material
Für die Grundformen Fotokarton, für die Ausgestaltung verschiedene Farben und Reste von Tonpapier

Hilfsmittel
Bleistift, Schere, Falzbein, Lochzange, Klebstoff

Ausführung
Taschen vom Vorlagenbogen in der gewünschten Größe aufzeichnen. An der linken Außenseite einen ca. 2 cm breiten Klebestreifen dazugeben. Die Form ausschneiden und die Linien von der Vorderseite her mit dem Falzbein falzen. Zusammenfalten und prüfen, ob die Flächen deckungsgleich sind. Die Form flach hinlegen und mit der Ausgestaltung beginnen. Die Vorlage für den Schneemann finden Sie in der nebenstehenden Abbildung. Die restlichen Vorlagen entnehmen Sie dem Vorlagenbogen. Seitlich sowie auf der Bodenfläche die Teile überlappend zusammenkleben. Mit einer Lochzange die Löcher stanzen und das Band durchziehen.
Den Beutel können Sie auch verstärken, indem Sie ein Stück Pappe auf die Bodenform kleben und einen Streifen Fotokarton, in der Größe der Tasche, in den oberen Rand einlegen.

Braunes Nikolaussäckchen

Material
Brauner Fotokarton, Reste von Tonpapier in Rot, Grün und Gelb

Hilfsmittel
Bleistift, Schere, Falzbein, Lochzange, Klebstoff

Ausführung
Aus braunem Fotokarton die Form zweimal zuschneiden. Den Behälter für das Mittelteil ausschneiden und nach der Skizze im Vorlagenbogen zusammenfügen. Die beiden Säckchenteile deckungsgleich beidseitig an den Behälter kleben.
Nach Belieben ausgestalten.

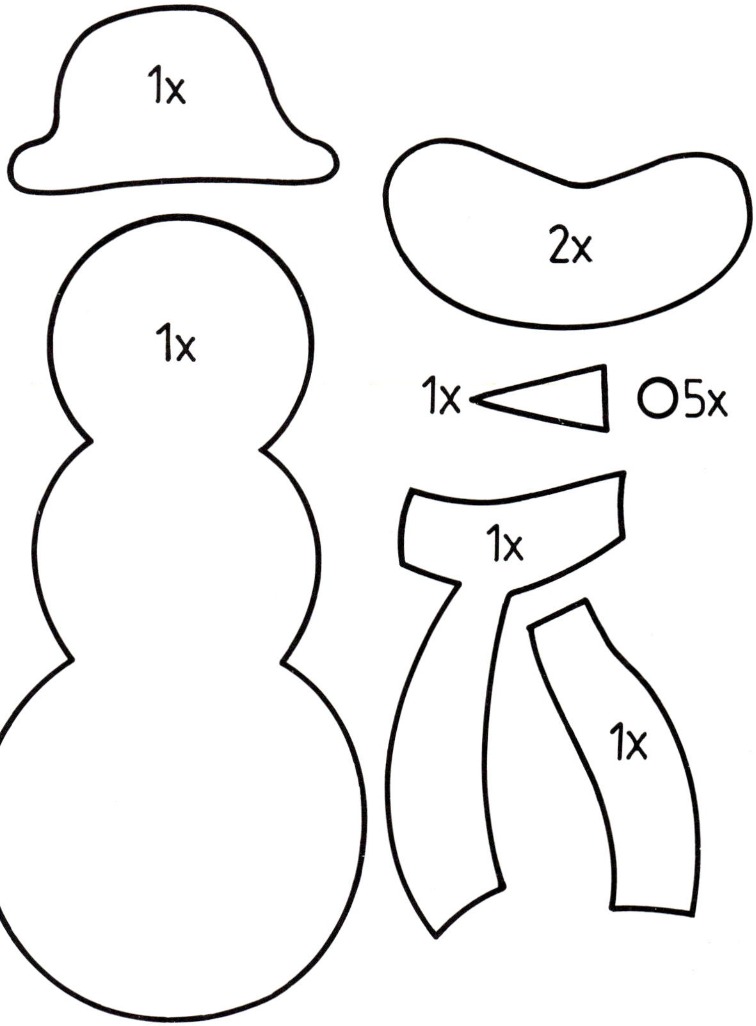

Bald ist Weihnachten

Es gibt sicher viele Dinge, die man ausschließlich in der Vorweihnachtszeit erlebt, zumal die Abende länger werden und die Zeit genutzt wird, um allerlei Dinge für Weihnachten vorzubereiten. Diese Zeit weckt in besonderer Weise die Freude am Basteln. Sie lockt uns aus der Passivität hervor und regt zum kreativen Schaffen an.
Schön ist es, wenn man sich beim Basteln entspannen kann und zugleich sinnvoll tätig ist.
Fensterbilder jeder Art oder Baumschmuck geben einen Blickfang, der Nachbarn oder Freunde an der eigenen Arbeit teilhaben läßt.

Tanne mit weihnachtlichem Gesteck

Was wäre die Weihnachtszeit ohne Tannen – ob plakativ oder fein gearbeitet –, beliebt sind Tannenmotive in der weihnachtlichen Zeit allemal.

Material
Hell– und dunkelgrüner Fotokarton, gelbes, rotes und blaues Tonpapier, Aufhängefaden

Hilfsmittel
Bleistift, Schere, Schneidemesser, Klebstoff

Ausführung
Die Tanne aus dem Vorlagenbogen als Trägerelement und die Ausschmückteile auf das vorbereitete Papier übertragen. Die Vorlage für das Päckchen befindet sich neben der Abbildung.
Innenform der Tanne mit dem Schneidemesser ausschneiden und Ausschmückteile auf der Tanne anordnen und festkleben. Den Aufhängefaden nicht vergessen.

je 1x

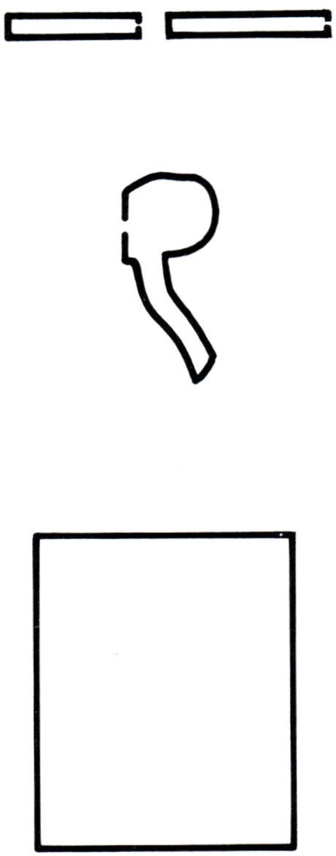

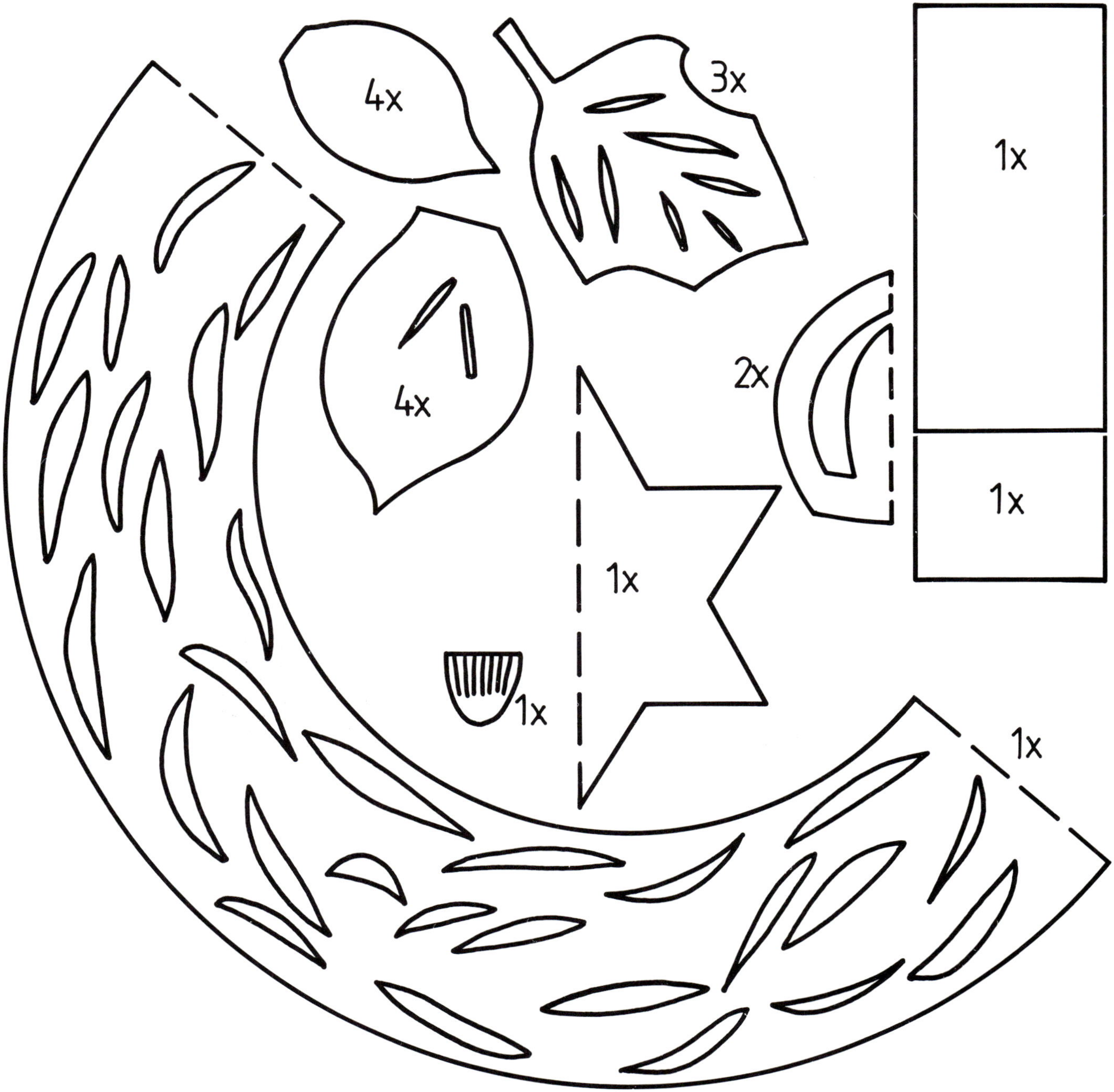
4x
3x
1x
4x
2x
1x
1x
1x
1x

Weihnachtsstern im Ring

Fensterbilder zaubern festliche Stimmung durch ihre Farbgebung.

Material
Grüner Tonkarton, gelbes und rotes Tonpapier, grünes Transparentpapier, Aufhängefaden

Hilfsmittel
Bleistift, Schere, Schneidemesser, Klebstoff

Ausführung
Die einzelnen Teile von Seite 42 übertragen und ausschneiden. Die Ausschnitte am Trägerring mit dem Schneidemesser vorbereiten und an der Rückseite mit grünem Transparentpapier hinterkleben. Auf der Vorderseite die Ausschmückteile anordnen und fixieren. Zum Schluß den Aufhängefaden anbringen.

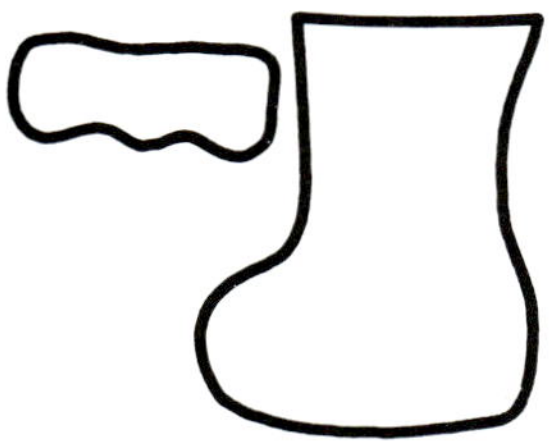

O, Tannenbaum...

Unter den vielen Möglichkeiten der Fensterdekorationen sind Fensterbilder wie dieses beliebte Objekte. Die einzelnen Ausschnitte lassen sich beliebig ausschmücken.

Material
Dunkelgrüner Fotokarton, verschiedene Reste von Tonpapier oder Faltpapier

Hilfsmittel
Bleistift, Schere, Lineal, Papierschneidemesser

Ausführung
Das Trägerelement vom Vorlagenbogen übertragen und ausschneiden. Die Grundelemente finden Sie auf diesen beiden Seiten abgebildet. Alle kleinen Einzelteile stellen Sie gemäß der Abbildung oder nach der eigenen Phantasie zusammen.
Mit dem Schneidemesser entlang an einem Lineal die Innenausschnitte ausschneiden. Mit den ausgeschnittenen Ausschmückteilen das Fensterbild beidseitig ausgestalten. Zum Schluß Aufhängefaden anbringen.

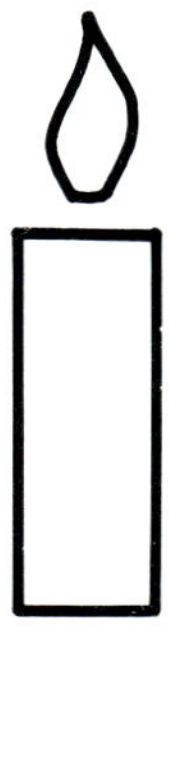

Im Stall zu Betlehem

Ein weihnachtliches Transparentbild, das sich auch als Laternenmotiv eignen würde.

Material
Schwarzes Tonpapier, hell– und dunkelgrünes, lilafarbenes, rotes, orangefarbenes Transparentpapier, Aufhängefaden

Hilfsmittel
Bleistift, Schere, Schneidemesser, Skalpell, Lineal, Klebstoff

Ausführung
Das Motiv vom Vorlagenbogen doppelt auf schwarzes Tonpapier übertragen. Äußere Umrißform und das Dachteil mit dem Schneidemesser ausschneiden. Innenformen mit dem Skalpell. Mit den verschiedenen Transparentpapieren hinterkleben Sie die einzelnen Teilausschnitte. Danach nehmen Sie das zweite Motivteil und kleben dieses deckungsgleich auf das erste. Den Aufhängefaden fassen Sie beidseitig mit ein.

Weihnachtspost

Grüße, die von Herzen kommen. Besonders Kinder haben viel Freude am Gestalten des eigenen Briefpapiers, denn diese Bastelarbeit bietet viel Freiraum für die eigenen Kreativität.

Material
Weißes Schreibmaschinenpapier, Tonpapier in verschiedenen Farben, zum Teil genügen schon Reste von Geschenkpapieren

Hilfsmittel
Bleistift, Schere, Klebstoff

Ausführung
Die Schablonen für die Ausschmückteile zusammenstellen und im Bruch doppelt gelegt auf Tonpapier übertragen und ausschneiden. Die Schmuckteile auf das Briefpapier kleben. Die Ränder formgenau ausschneiden.
Suchen Sie sich aus den gezeigten Vorlagen geeignete Teile aus und verkleinern Sie diese. Als Schmuckelemente verschönern sie einfaches Briefpapier.

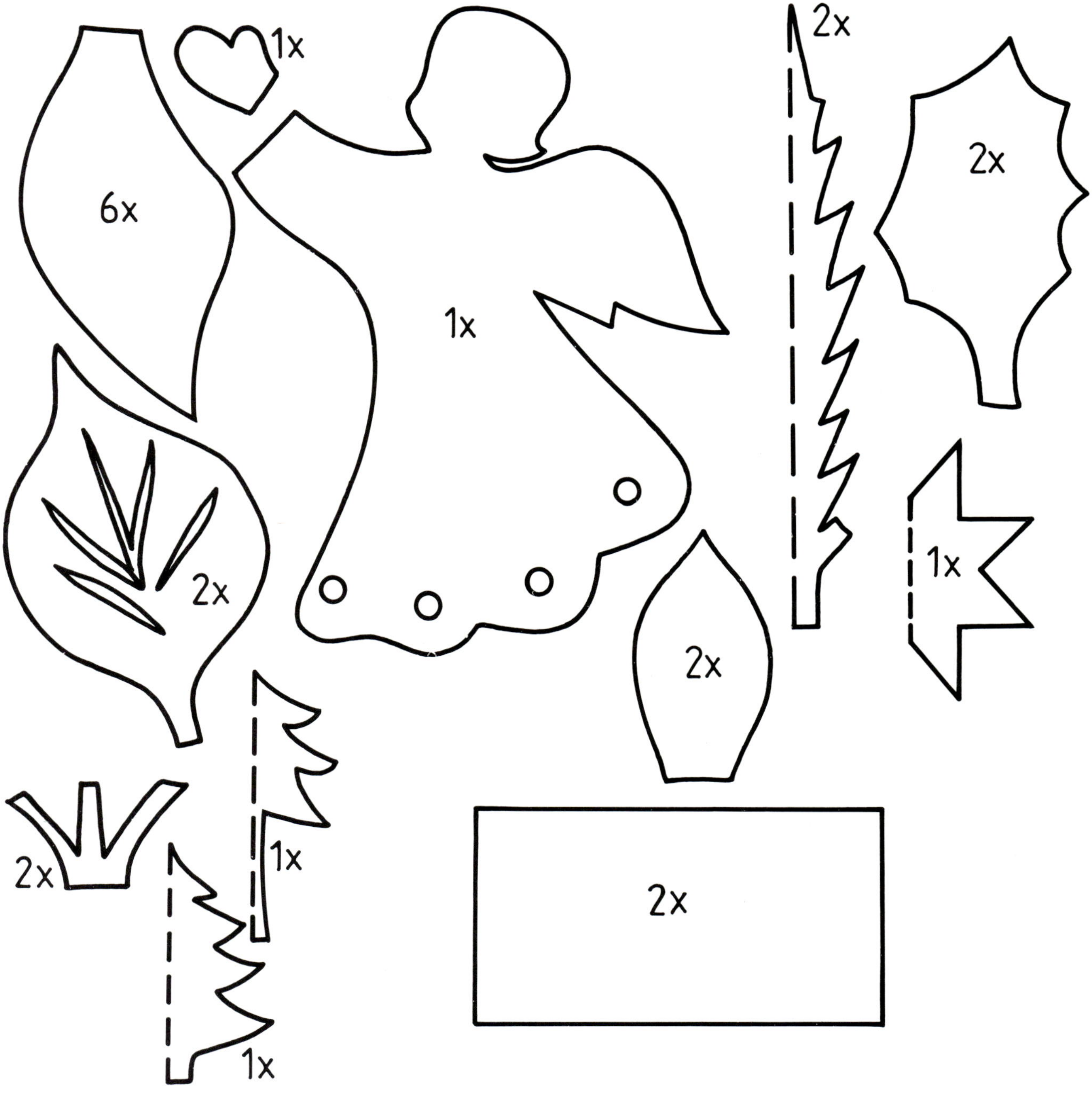
1x
2x
2x
6x
1x
2x
1x
2x
2x
1x
2x
1x
2x

Weihnachtliche Kartengrüße

Ein selbstgebastelter Kartengruß ist gleichzeitig ein kleines Geschenk mit der ganz persönlichen Note für den Empfänger.

Material
Briefkarten oder Tonpapier in der gewünschten Farbe, rotes, grünes, weißes, hell– und dunkelgrünes Tonpapier

Hilfsmittel
Bleistift, Schere, Skalpell, Lochzange, Klebstoff

Ausführung
Die Vorlagen von Seite 50 auf Tonpapier übertragen und ausschneiden. Alle Einzelteile auf die vorbereitete Klappkarte legen und festkleben. Nach der Fertigstellung einen Teil – wie in der Abbildung dargestellt – des Motivs entlang der rechten Außenseite sorgfältig freischneiden. Die Karten haben das Format DIN A5 (10,5 × 14,85).

Festliche Tischdekoration

Kerzenmotive begleiten uns immer wieder in der Advents– und Weihnachtszeit als Symbole des Lichts.
Schöner Tischschmuck gehört zu einer gelungenen Weihnachtsfeier. Kinder freuen sich über die hübschen Tischkärtchen mit ihren Namen und über weitere heitere Farbtupfer auf dem Tisch.

Tischkarte und Serviettenring

Material
Gelbes, hell– und dunkelgrünes Tonpapier, rote Faltpapierkreise für den Serviettenring, einen ca. 4 cm langen Abschnitt einer Haushaltsrolle

Hilfsmittel
Bleistift, Schere, Klebstoff

Ausführung
Schneiden Sie die Einzelmotive anhand des Vorlagenbogens zu. Die Kerzen formen Sie aus den roten Faltpapierkreisen und kleben diese überlappend zusammen. Für das Tischkärtchen schneiden Sie grünes Tonpapier in der angegebenen Größe. Die Ausgestaltung entnehmen Sie der Abbildung.
Für den Serviettenring umkleben Sie den Haushaltsrollenabschnitt mit hellgrünem Tonpapier. Die Zweige, die Kerzen und den Stern ordnen Sie am Ring an und kleben danach die Motive fest.

Gelbes Überraschungspäckchen

Material
Gelbes Tonpapier

Hilfsmittel
Bleistift, Schere, Falzbein, Klebstoff

Ausführung
Nach der Skizze im Vorlagenbogen die Grundform des Päckchens auf das gelbe Tonpapier übertragen und ausschneiden. Einschnitte beachten, die Linien falzen, die Seitenteile hochklappen und festkleben. Die gegenüberliegenden Enden mit der Sternform ineinanderschieben.

Kleine Laterne

Material
Gelbes Transparentpapier, gelbes Tonpapier, rotes Faltpapier, Käseschachtel

Hilfsmittel
Bleistift, Schere, Klebstoff

Ausführung
Zunächst das gelbe Transparentpapier zuschneiden. Die abgebildete Laterne hat eine Höhe von 11,2 cm und eine Länge von 28 cm. Richten Sie sich bitte nach dem Käseschachtelunterteil, das Ihnen zur Verfügung steht. Den Streifen Transparentpapier verstärken Sie an den Rändern mit einem 1,5 cm breiten Tonpapierstreifen. Den fertigen Streifen Transparentpapier kleben Sie um die vorhandene Käseschachtel. Die Kerzen formen Sie aus den roten Faltpapierkreisen (Vorlagenbogen), kleben diese überlappend zusammen, bringen die Flamme an und kleben danach die vier Kerzen gegenüberliegend an der fertigen Laterne an.

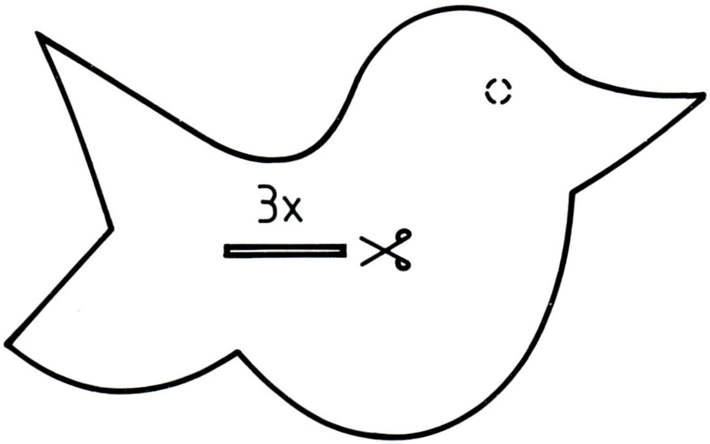

Äpfelchen und Vögel

Wie kleine Farbtupfer wirken diese Äpfelchen und Vögel. Sie eignen sich gut als Weihnachtsbaumschmuck, können aber auch als Fensterbild dekoriert werden.

Material
Regenbogen-Buntpapier, grünes Faltpapier, Aufhängefaden

Hilfsmittel
Bleistift, Schere, Bürolocher, Schneidemesser, Klebstoff

Ausführung
Legen Sie das Regenbogen-Buntpapier doppelt und zeichnen auf die Rückseite die gewünschten Motivteile, Äpfelchen oder Vögel. Die doppelt ausgeschnittenen Teile versehen Sie auf einer Motivinnenseite mit Klebstoff, kleben bei den Äpfelchen den Aufhängefaden auf und drücken den zweiten Apfelteil deckungsgleich darauf. Die Blätter falten Sie ziehharmonikaartig, danach falten Sie diesen Teil mittig und fügen das Blatteil am Stiel des Apfels an. Für die Flügel falten Sie einen Streifen Regenbogen-Buntpapier, ca. 1 cm breit und 18 cm lang, ebenfalls ziehharmonikaartig. Diesen schieben Sie in die Öffnung am Vogelkörper. Die Faltenden kleben Sie mit dem Aufhängefaden zusammen.

Baumschmuck

Bunter Weihnachtsschmuck läßt die grauen Wintertage freundlicher erscheinen. Ob am Fenster, am Zweig oder als Geschenkanhänger bringen die kleinen Beigaben Freude.

Material
Regenbogen-Buntpapier, gelbes, blaues, grünes, orangefarbenes Tonpapier, Aufhängefaden

Hilfsmittel
Bleistift, Schere, Lineal, Schneidemesser, Skalpell, Klebstoff

Ausführung
Die Vorlagen finden Sie auf dem Vorlagenbogen bzw. hier nebenstehend. Legen Sie das ausgewählte Papier doppelt an die Bruchkante der Schablone. Zeichnen Sie das Motiv auf und schneiden Sie es aus: die äußere Form mit der Schere, die innere mit dem Schneidemesser oder Skalpell. Mit Regenbogen-Buntpapier hinterkleben Sie die ausgeschnittenen Motivteile. Zum Schluß bringen Sie den Aufhängefaden an.

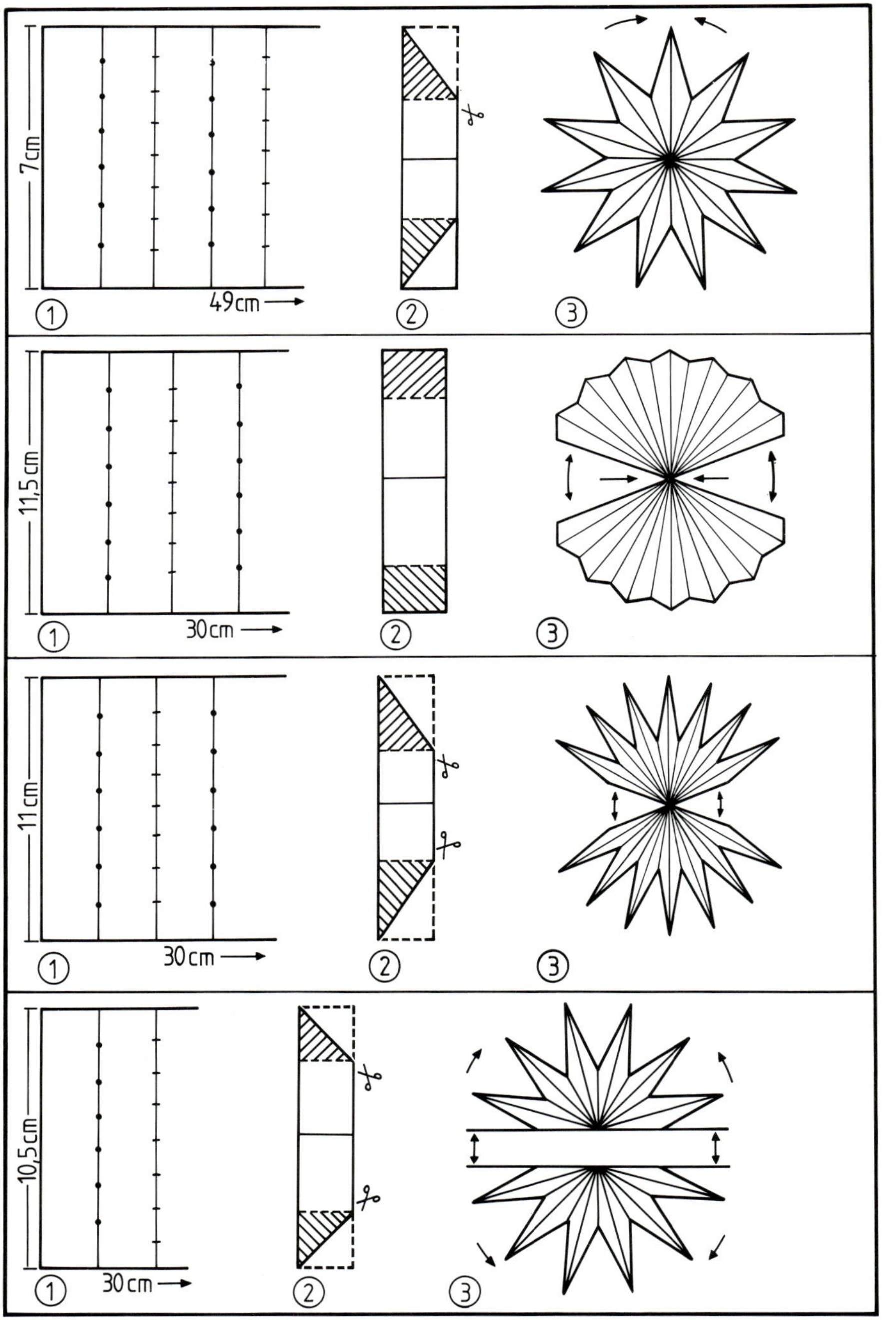

Sterne, Sterne, Sterne

Sterne und Sternmotive sind die Klassiker unter dem Weihnachtsschmuck.

Material
Regenbogen-Buntpapier, gelbes Tonpapier, Aufhängefaden

Hilfsmittel
Bleistift, Schere, Lineal, Klebstoff

Ausführung
Für diese Sterne benötigen Sie Papierstreifen in verschiedenen Längen und Breiten. Mit Hilfe eines Lineals und eines Bleistifts können Sie auf dem Papierstreifen jeweils oben und unten Markierungspunkte anbringen, im Abstand von 1,5 cm. Möchten Sie die Sternspitzen schneiden, nehmen Sie diesen Arbeitsschritt nach dem Falten vor. Die Faltanleitung der abgebildeten Sterne und der Rosette entnehmen Sie der nebenstehenden Faltanleitung. Ausgangsbasis ist jeweils ein ziehharmonikaartig gefalteter Papierstreifen, dessen Enden verschieden abgeschnitten werden. Nur bei der Rosette bleiben die Enden stehen. Für den Stern aus der untersten Faltanleitung benötigen Sie zwei gleich große Papierstreifen.

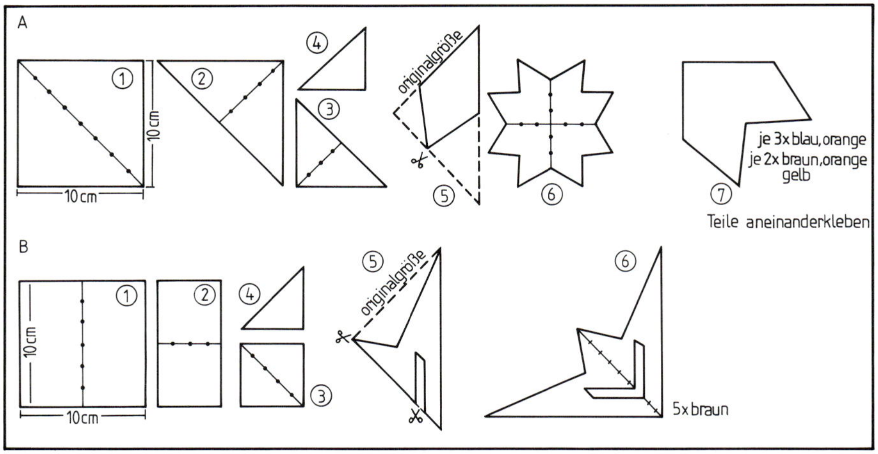

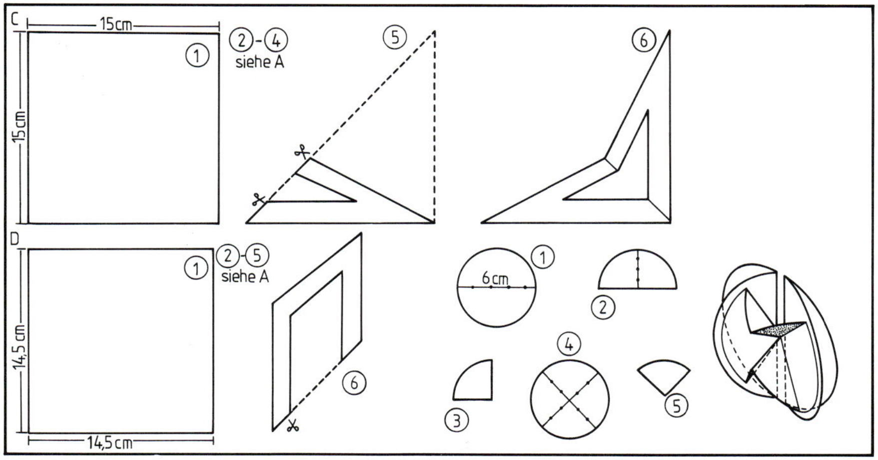

Bunte Kugel und Sterne

Je nach Farbenvorliebe lassen sich Kugeln oder Sterne bunt oder auch einfarbig gestalten. Mit den einzelnen Objekten können Sie Tannenzweige oder einen Weihnachtsbaum schmücken.

Kugeln

Material
Rote, gelbe, orangefarbene, hell– und dunkelbraune Faltpapierkreise mit 6 cm Durchmesser, Aufhängefaden

Hilfsmittel
Bleistift, Schere, Klebstoff

Ausführung
Die Faltanleitungen finden Sie nebenstehend. Ein Kugelteil falten Sie mittig. Das zweite falten Sie ebenfalls zur Hälfte, anschließend zum Viertel, öffnen und diagonal falten. Jeweils zur Hälfte fügen Sie diese Teile abwechselnd aneinander. Ein Teil der Kugel ist in dieser Technik gearbeitet. Die rote, die mittlere und die Kugel rechts außen sind aus einzelnen gleichen Faltelementen geklebt. Den Aufhängefaden fassen Sie jeweils beim Zusammenfügen an.

Sterne

Material
Kleine Sterne (Abbildung Mitte): Faltpapierquadrate in der Größe 10 x 10 cm
Große Sterne: Faltpapierquadrate 15 x 15 cm, Aufhängfaden
Hilfsmittel
Bleistift, Schere, Klebstoff
Ausführung
Die Sterne werden aus Faltpapierquadraten gearbeitet. Falten Sie zunächst die Quadrate nach den Faltanleitungen, danach zeichnen Sie auf alle gefalteten Teile die Form auf und schneiden diese aus. Die einzelnen Teilelemente fügen Sie zum Schluß zusammen. Den Aufhängefaden fassen Sie gleich mit ein. Bei den Sternen mit Einschnitten (brauner und gelborangefarbener Stern) falten Sie die einzelnen Papierquadrate, dann zeichnen Sie gemäß der Faltanleitung die Form und die Einschnitte auf. Bereiten Sie alle Einzelelemente vor. Wichtig ist, daß Sie die äußere Umrißform von der offenen Stelle her schneiden. Nach dem Schneidevorgang öffnen Sie die Elemente wieder in die ursprüngliche Form. Falten Sie anschließend die Diagonalen von der Rückseite her, und legen Sie die Teilelemente so zusammen, wie die Skizze zeigt. Die einzelnen Teilelemente kleben Sie jeweils mit einer Seite deckungsgleich an die Seite des nächsten Teils. Zum Schluß bringen Sie den Aufhängefaden an.

Geschenkanhänger

Durch solch festliche Anhängerkärtchen lassen sich auch mit einfachem Papier verpackte Geschenke festlich dekorieren.

Material
Beigefarbener Fotokarton, Geschenkpapier, Ton– und Faltpapier in verschiedenen Farben, zum Teil genügen Reste, rote Samtbändchen, Silberfaden

Hilfsmittel
Bleistift, Schere, Bürolocher, Klebstoff

Ausführung
Die Kärtchen aus beigefarbenem Fotokarton doppelt falten, mit einem Bürolocher in die obere Ecke ein Loch stanzen. Entwerfen Sie sich Ihre eigenen Motive oder entnehmen Sie Schmuckelemente vom Vorlagenbogen oder den hier abgebildeten Vorlagen.

Die Motive auf doppelt gelegtes Tonpapier aufzeichnen. Legen Sie die Motive dabei an die Bruchkante der Schablone, damit die Teile zusammenhalten (Glokke, Herz und Tanne). Im inneren Teil ist Platz für einen lieben Gruß. Den Silberfaden oder Samtbändchen am Kärtchen anbringen.

Ursula Ritter lebt bei Freiburg. Sie ist Erzieherin und leitet einen Kindergarten. In ihrer freiberuflichen Tätigkeit bildet das Gestalten mit Papier einen besonderen Schwerpunkt. Seit mehr als 20 Jahren gibt sie beim Volksbildungswerk Kurse über bildhaftes Gestalten und handwerkliche Techniken. Von der Autorin sind im Christophorus-Verlag viele erfolgreiche Publikationen erschienen.

CIP-Titelaufnahme
der Deutschen Bibliothek

Weihnachten: Basteln mit Papier; mit Vorlagen in Originalgröße / Ursula Ritter. –
Freiburg im Breisgau: Christophorus-Verlag, 1991
(Hobby & Werken)
ISBN 3-419-53504-X

Styling und Fotos:
Ulrike Schneiders
Reinzeichnungen:
Anne Marie Friedel
Umschlaggestaltung:
Michael Wiesinger
Reproduktionen:
Scan-Studio Hofmann,
Freiburg i. Br.
Herstellung:
Konkordia Druck GmbH,
7580 Bühl 1991